문단열의 99초 패턴표현 2

1판 1쇄 인쇄 2015년 9월 9일
1판 1쇄 발행 2015년 9월 16일

지은이 문단열

발행인 양원석
책임편집 유정윤
그림 심재경
디자인 유수정
전산조판 함동춘
해외저작권 황지현, 지소연
제작 문태일,
영업마케팅 김경만, 이영인, 윤기봉, 전연교, 양근모,
 윤면규, 김민수, 장현기, 정미진, 이선미

펴낸 곳 ㈜알에이치코리아
주소 서울시 금천구 가산디지털2로 53, 20층 (가산동, 한라시그마밸리)
편집문의 02-6443-8800 **구입문의** 02-6443-8838
홈페이지 http://rhk.co.kr
등록 2004년 1월 15일 제2-3726호

ⓒ 문단열, 2015

ISBN 978-89-255-5689-5 (13740)

※ 이 책은 ㈜알에이치코리아가 저작권자와의 계약에 따라 발행한 것이므로
 본사의 서면 허락 없이는 어떠한 형태와 수단으로도 이 책의 내용을 이용하지 못합니다.
※ 잘못된 책은 구입하신 서점에서 바꾸어 드립니다.
※ 책값은 뒤표지에 있습니다.

우리 뇌에는
좌뇌와 우뇌가 있어요.
좌뇌는 언어능력을,
우뇌는 예술적 감각을 지니고 있죠.

우리는 이제 양뇌를 모두 사용해서
보다 감각적으로!
보다 빠르게!
영어 표현을 익혀볼 거예요.

표현을 짧은 시간 안에 습득하고
그림으로 머리속에 쏙 넣으면
앞으로 내가 일어날 상황에
적용만 하면 됩니다.

준비됐나요?
그럼 〈문단열의 99초〉 강의,
들어갑니다!

99초 강의와 이미지로
패턴표현이 끝!

문단열과 TALK

 안녕하세요 문단열입니다

와우, 선생님!

 제가 영어를 가르친 지도 벌써 25여 년이 지났네요

와 벌써 그렇게 되었네요~!

 그 사이에 많은 분들이 영어를 직접 쓰고 활용하시는데 도사들이 되어 계시더라고요

실력은 모르겠는데 열정만 늘었네요

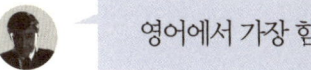

영어에서 가장 힘든 게 뭔가요?

단어는 알겠는데 그걸 엮어서 빨리빨리 상황에 맞게 말을 못하겠더라고요

아, 패턴표현 말씀이시군요!

네, 바로 그거예요! 바로바로 입에서 안 나와요. 하려던 말이 이게 맞나 싶고…

그래서 이번에는 **패턴을 랩처럼** 익혀볼 거예요! 1권보다 길어져서 좀더 도전적으로 접근하겠습니다! 동영상 강의와 일러스트 이미지로 기억해서 하고 싶은 말을 바로 할 수 있게 해드릴게요

CONTENTS _Patterns 2

동사
붙이면
끝!

01	I didn't mean to 동사	10
02	I can't wait to 동사	12
03	I have nothing to 동사	14
04	I need you to 동사	16
05	I told you to 동사	18
06	I was going to 동사	20
07	I wish I could 동사	22
08	Is it okay to 동사?	24
09	What am I gonna 동사?	26
10	What do you 동사 for?	28
11	You don't have to 동사	30
12	You don't want to 동사!	32
	1초 패턴 연습	34

동사2
붙이면
끝!

01	You might want to 동사	38
02	You might as well 동사	40
03	All you gotta do is 동사	42
04	Do you want me to 동사	44
05	I think I'm going to 동사	46
06	I would like you to 동사	48
07	What is it like to 동사?	50
08	Why do I have to 동사?	52
09	You are the one who 동사	54
10	I was wondering if you could 동사	56
11	Would you care for something to 동사	58
12	Would you mind if I ask you to 동사?	60
	1초 패턴 연습	62

명사 or 동명사 붙이면 끝!

01	Have you been to 명사?	66
02	I forgot to bring 명사	68
03	I'm getting used to 명사	70
04	I've had enough of 명사	72
05	There is nothing like 명사	74
06	How could 명사(사람) do that!	76
07	I thought it was 명사/부사	78
08	I would give anything for 명사	80
09	Do you have any 명사 available?	82
10	I am not really happy with 명사	84
11	I feel bad about 명사/동명사	86
12	I've been thinking about 동명사	88
13	I am in the middle of 동명사	90

1초 패턴 연습 ····· 92

형용사 or 문장 붙이면 끝!

01	You are not that 형용사	96
02	You have no idea how 형용사+문장	98
03	I don't know why 문장	100
04	I don't know if 문장	102
05	It turns out that 문장	104
06	What I'm saying is 문장	106
07	I'll let you know if 문장	108
08	Are you sure 문장? I'm sure 문장	110
09	Do you mind if 제스처/문장?	112
10	What do you say 문장?	114
11	How did you like 명사?	116

1초 패턴 연습 ····· 118

Answers ····· 120

99초
완성!

동사 붙이면 끝! 1

I didn't mean to 동사.

제가 그러려고 그런 게 아니에요...

- **mean** 의미하다, 의도하다
- **didn't mean** 의도한 것이 아니다
- **I didn't mean to ~**
  내가 ~하려고 했던 것은 아니야(아니에요).

한끝 팁 자신의 행동을 변명할 때 쓰는 표현입니다.

I didn't mean to 동사.

come
내가 <u>오려고</u> 했던 것은 아니에요.

go
내가 <u>가려고</u> 했던 것은 아니에요.

do it
내가 <u>그러려고</u> 했던 것은 아니에요.

say it
내가 <u>그 말을 하려고</u> 했던 것은 아니에요.

hurt you
내가 <u>당신에게 상처를 주려고</u> 했던 것은 아니에요.

Sorry...

I can't wait to 동사.

빨리 하고 싶어 못 기다리겠어요!

- **wait** 기다리다
- **can't wait** 기다리지 못한다
- **I can't wait to ~** 난 빨리 ~하고 싶어(싶어요).

I can't wait to 동사.

see you
난 빨리 <u>너를 보고</u> 싶어.

eat it
난 빨리 <u>그걸 먹고</u> 싶어.

teach him
난 빨리 <u>그를 가르치고</u> 싶어.

I have nothing to 동사.

난 더 이상 할 게 없어요.

- **nothing** 아무것도 없음
- **have nothing** 가진 게 아무것도 없다
- **I have nothing to ~** 나는 더 이상 ~할 게 없어(없어요).

I have nothing to 동사.

hide
난 더 이상 감출 게 없어요.

eat
난 더 이상 먹을 게 없어요.

study
난 더 이상 공부할 게 없어요.

watch
난 더 이상 볼 게 없어요

add
난 더 이상 추가할 게 없어요.

I need you to 동사.

이것 좀 해주었으면 해.

- **need** 필요하다
- **need you** 네가 필요하다
- **I need you to ~** (난 네가) ~해주었으면 해.

한끝 팁 상대에게 점잖게 요구하는 표현입니다. 아랫사람이나 친구에게 쓰는 표현으로, 윗사람에는 쓰지 않는 것이 좋습니다.

I need you to 동사.

do this
이것 좀 해주었으면 해.

sign here
여기에 서명해주었으면 해.

clean this room for me.
이 방을 청소해주었으면 해.

I told you to 동사.

내가 하라고 했잖아!

- **told** 말했다
- **told you** 너에게 말했다
- **I told you to ~** 내가 (너한테) ~하라고 했잖아(했잖아요).

한끝팁 say는 말을 전달할 때 쓰고, talk는 말을 주고 받을 때 써요. speak는 정식으로 말할 때 쓰고, tell은 말해줄 때나 명령할 때 쓴답니다.

I told you to 동사.

do it
내가 <u>그거 하라고</u> 했잖아.

손잡아 주라고 했잖아~

차인 남자

say it
내가 <u>그거 말하라고</u> 했잖아.

사랑한다고 말하라 했잖아!

차인 남자

say sorry
내가 <u>사과하라고</u> 했잖아.

먼저 사과 했어?

절래절래…

study Chinese
내가 <u>중국어 공부하라고</u> 했잖아.

힘게이워…

be on time
내가 <u>시간 좀 지키라고</u> 했잖아.

아님, 오는 길에 벌금으로 커피 좀 사오던가.

I was going to 동사.

나도 하려고 하고 있는데.

- **is going to ~** ~할 예정이다
- **was going to ~** ~할 예정이었다
- **I was going to ~**
  (나) ~하려고 하고 있는데(하려고 했었어요).

한끝 팁 내가 하지 않은 일에 다른 사람이 잔소리를 늘어 놓을 때 이에 대한 변명의 대답으로 쓸 수 있는 좋은 표현입니다.

I was going to 동사.

call you
너한테 전화하려고 하고 있는데.

leave for work
출근하려고 하고 있는데.

do my homework
숙제 하려고 했었어요.

자꾸 그러면 하기 싫어지잖아요~

do the dishes
설거지 하려고 했었어요.

say that
그 말 하려고 하고 있는데.

왜 프로포즈 안 해?

미안해에~

I wish I could 동사.

그러면 좋겠네요.

- **wish** 바라다
- **I wish** 나는 바라다
- **I wish I could ~** 난 ~하면 좋겠네(좋겠네요).

I wish I could 동사.

get a car
난 <u>차 한 대 샀으면</u> 좋겠네요.

get a house
난 <u>집 한 채 샀으면</u> 좋겠네요.

get a laptop
난 <u>노트북 하나 샀으면</u> 좋겠네요.

say I love you
난 <u>당신을 사랑한다고 말하고</u> 싶네요.

오늘도

"I love you"

···라고
말을 꺼내지 못한 하루···

Is it okay to 동사?

그렇게 해도 될까요?

- **okay** 좋다
- **it is okay** 괜찮다
- **Is it okay to ~?** ~해도 될까(될까요)?

한끗 팁 Is it okay 와 to 사이에 for me 를 넣어 동작을 하는 '나'를 강조한 표현으로 만들 수 있습니다.

Is it okay to 동사?

use this one?
이것 좀 써도 될까요?

come again?
다시 와도 될까요?

제가 오늘 못 뵀는데...

Is it okay for me to go now?
제가 지금 가도 될까요?

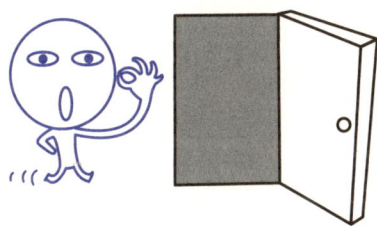

Is it okay for him to go now?
그가 지금 가도 될까요?

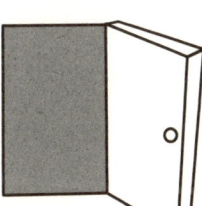

작가님, 저 그냥 이 페이지에서 놀면 안 돼요?

What am I gonna 동사?

뭐 하지?

- **I'm going to** 난 할 것이다
- **Am I going to?** 내가 해야 합니까?
- **What am I going to(gonna) ~?** (난) ~하지?

한끝 팁 gonna는 going to를 빠르게 발음해서 나는 소리입니다. 회화에서는 공공연하게 많이 쓰지만, 공식적으로는 going to를 쓰지요.

What am I gonna 동사?

eat
뭐 먹지?

watch
뭘 보지?

study
뭘 공부하지?

내 꿈은
외교관이니까...

둘 다 해야겠다!

니하오~   헬로우~

What do you 동사 for?

뭐 하러 그런 걸 해?

- **You do.** 너는 한다.
- **Do you?** 너는 하니?
- **What do you ~ for?** (넌) 뭐 하러 ~을 해(하세요)?

한끝 팁 what으로 시작하지만, 상대방의 행동에 대한 이유를 물을 때 쓰는 표현입니다.

What do you 동사 for?

say that
뭐 하러 <u>그런 말을 하세요</u>?

에고고고
늙으면 죽어야지...

* do는 did로 바꿔 표현하기도 합니다.

go there
뭐 하러 <u>거기에 가는 거니</u>?

인기 스타의
식사 시간

인기 스타가
식사 후 떠난 자리...

인기 스타가 시킨
메뉴 주세요~

You don't have to 동사.

넌 하지 않아도 돼.

- **have to** 해야 한다
- **don't have to** 안 해도 된다
- **You don't have to ~** 넌 ~하지 않아도 돼(돼요).

You don't have to 동사.

go to school
넌 학교에 가지 않아도 돼.

go to work
당신은 일하러 가지 않아도 돼요.

be on a diet
당신은 다이어트 하지 않아도 돼요.

be here
당신은 여기에 오시지 않아도 돼요.

You don't want to 동사!

안 그러는 게 좋을걸!

- **want to** 원한다
- **don't want to** 원치 않는다
- **You don't want to ~!** (넌) 안 그러는 게 좋을걸(걸요)!

한끝 팁 직역으로는 '너는 ~하기를 원치 않는다'의 뜻이지만 실제로는 '그러지 않는 게 좋을걸!'이라는 비밀이 숨겨져 있는 표현입니다.

You don't want to 동사!

do that
저건 안 하는 게 좋을걸요!

저라면 안 그러겠어요.

buy that
저건 안 사는 게 좋을걸요!

어떤 게 젤 나아?

talk to her
그 여자에게 말 안 거는 게 좋을걸요!

그녀의 아우라

차인 남자가 한둘이 아니거든.

제가 본 여자분 중에 가장 못생기셨네요.

나랑 사귈래요?
(이런 나쁜 남자는 처음이야!)

여자 마음은 모르는 게 나을걸...

1초 패턴 연습

1 구문에 맞는 그림을 골라 써 넣으세요.

1. I need you to 동사. _____
2. I wish I could 동사. _____
3. What do you 동사 for? _____
4. You don't have to 동사. _____
5. I was going to 동사. _____
6. Is it okay to 동사? _____

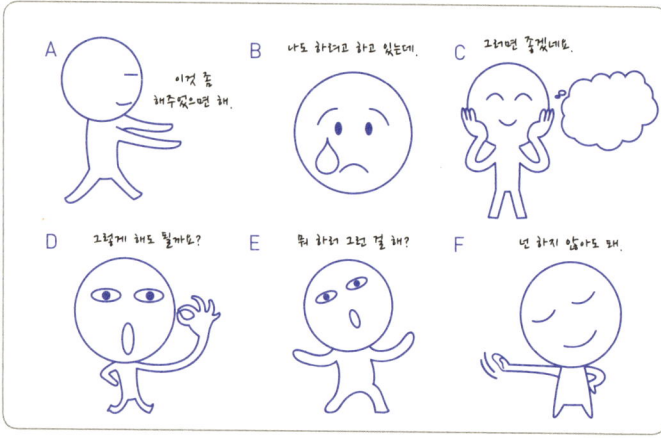

2 상황에 맞는 패턴 회화를 완성하세요.

_____ hurt you.

내가 상처를 주려고 했던 것은 아니에요.

_____ say sorry.

내가 사과하라고 했잖아.

_____ talk to her.

그녀에게 말 안 거는 게 좋을걸요.

_____ study.

난 더 이상 공부할 게 없어요.

_____ see you.

난 빨리 너를 보고 싶어.

_____ eat?

뭐 먹지?

99초
완성!

동사 붙이면 끝! 2

You might want to 동사.

이렇게 하게나.

- **want to** 원한다
- **might want to** 원할지도 모른다
- **You might want to ~** 자네 ~하게나(하시오).

You might want to 동사.

come early tomorrow.
자네 내일은 일찍 오게나.

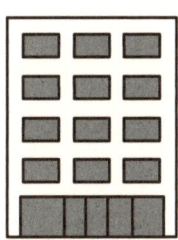

"내일 자네는 일찍 올지도 모르겠군…"
즉, "내일은 늦지 말라는 명령이야."

use this desk next time
자네 다음엔 이 책상을 쓰게나. (내 책상 말고)

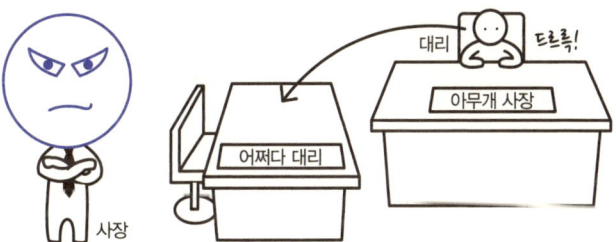

(서랍 속 선물)

너무 감동이잖아~
생신 축하 드려요~!

You might as well 동사.

이렇게 하는 게 좋겠어.

- **might** 할지도 모른다
- **might as well** 또 할지도 모른다
- **You might as well ~** (넌) ~하는 게 좋겠어(좋겠어요).

한끝 팁 한국 사람들의 리스닝 실력을 키워줄 표현입니다. 자주 쓰이지만 생소하게 느끼는 대표적인 표현이니 잘 알아두세요.

You might as well 동사.

go now
넌 지금 가는 게 낫겠어.

take this one
손님은 이걸로 하시는 게 낫겠어요.

eat now
넌 지금 먹는 게 낫겠어.

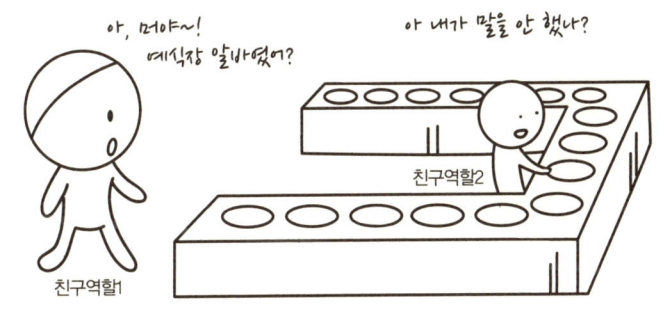

All you gotta do is 동사.

넌 이것만 하면 돼.

- **all** 모든 것
- **all you gotta do** 다른 것 보다 네가 해야 하는 것
- **All you gotta do is ~** 넌 ~만 하면 돼.

> 한끝 팁 You have to do. 는 일상생활에서 보통 You have got to do. 라고 많이 표현합니다.
> 이 말의 줄임말이 바로 You gotta do. 입니다.

All you gotta do is 동사.

do this
넌 이것만 하면 돼.

work hard
넌 일만 열심히 하면 돼.

call him
넌 그에게 전화만 하면 돼.

say that
넌 그 말만 하면 돼.

remember this
넌 이것만 기억하면 돼.

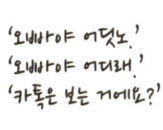

Do you want me to 동사?

제가 이렇게 할까요?

- **You want.** 너는 원한다.
- **Do you want?** 너는 원하는가?
- **Do you want me to ~?** 내가 ~할까(할까요)?

Do you want me to 동사?

go
제가 갈까요?

go away
제가 가버릴까요?

아니, 아니!

come
제가 올까요?

커몬~

come here at 3 tomorrow?
제가 내일 3시에 여기로 올까요?

get rid of that
제가 저거 없애 버릴까요?

전 여친 사진, 편지, 선물 영수증…

shut up
제가 입다물고 있을까요?

I think I'm going to 동사.

난 그게 할 것 같은데.

- **I think** 난 생각한다
- **I'm going to ~** 난 ~할 것이다
- **I think I'm going to ~** 난 ~할 것 같은데.

한끝 팁 I think는 직설적인 말을 좀 더 부드럽게 만드는 표현입니다. I'm going to는 I'm gonna로 줄여서 말할 수 있습니다.

I think I'm going to 동사.

go fishing
난 <u>낚시 갈 것</u> 같은데.

go skiing
난 <u>스키 타러 갈 것</u> 같은데.

go bowling
난 <u>볼링 치러 갈 것</u> 같은데.

do that
난 <u>저거 할 것</u> 같은데.

스트라이크!

finish this
난 <u>이거 끝낼 것</u> 같은데.

업무 10일 치 분량

다음주 휴가를 위해서~

I would like you to 동사.

이렇게 해주시면
고맙겠습니다.

- **like you** 너를 좋아하다
- **I like you.** 난 너를 좋아해.
- **I would like you to ~** ~해주시면 고맙겠습니다.

한끝 팁   상대방에게 요청하는 행동이 자칫 건방진 표현이 되지 않도록 해주는 예의 바른 표현입니다.

I would like you to 동사.

go
가주시면 고맙겠습니다.

come
와주시면 고맙겠습니다.

see me one more time
한번 더 만나주시면 고맙겠습니다.

do it harder.
좀더 열심히 해주시면 고맙겠습니다.

What is it like to 동사?

그걸 한다는 건
어떤 겁니까?

- It is like ~ ~ 같다.
- Is it like ~? ~ 같니?
- What is it like to ~? ~한다는 건 어떤 겁니까?

What is it like to 동사?

be there at night
밤에 그곳에 있다는 건 어떤 겁니까?

go there
그런 곳에 간다는 건 어떤 겁니까?

be in that situation
그런 상황에 있다는 건 어떤 겁니까?

Why do I have to 동사?

내가 왜 그걸 해야 합니까?

- **I have to.** 내가 해야 한다.
- **Do I have to?** 내가 해야 해?
- **Why do I have to ~?** 내가 왜 ~해야 해(합니까)?

Why do I have to 동사?

work this hard?
제가 왜 이렇게 <u>열심히 일해야</u> 합니까?

* this 이다지도, 이렇게

study so hard
제가 왜 <u>이렇게 공부를 열심히 해야</u> 합니까?

say this everyday?
내가 왜 <u>매일 이걸 말해야</u> 해?

"일어나! 아침이야."

무한반복
15년 째 …"

아빠나 아들이나…
어지럽…

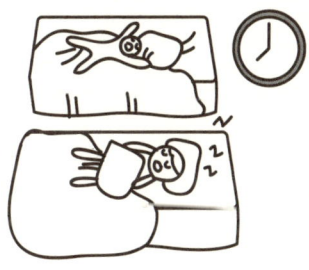

그래서 결심했다.
지겨운 일상을 탈출하기로.

나 여행 가.
그동안
알아서들 일어나…

다음 날 아침…
깔끔!

아빠가
밥 해줄게.

CH09

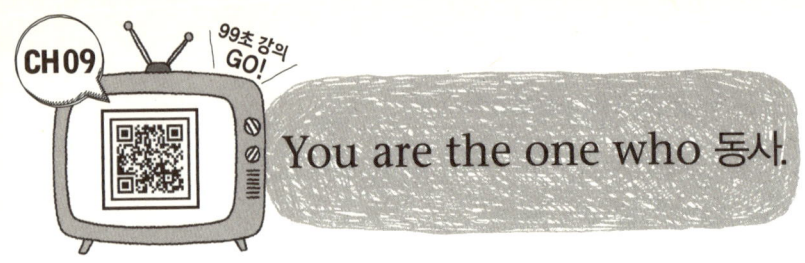

You are the one who 동사.

그렇게 한 사람이 바로 당신이에요.

- **who** 근데 그 사람이
- **you are the one** 네가 바로 그 사람이야
- **You are the one who ~**
  ~한 사람이 바로 너야(당신이에요).

한끝 팁 쉬워 보이지만 한국인들이 잘 못 쓰는 중급 영어 표현입니다.

You are the one who 동사.

dumped me
날 버린 사람이 바로 당신이에요!

said that
그 말을 한 장본인이 바로 당신이에요.

did that
그렇게 한 사람이 바로 너구나.

I was wondering if you could 동사.

혹시 그것을 해주실 수 있을까요?

- **wondering** 궁금하다
- **if you could** 네가 할 수 있을지
- **I was wondering if you could ~**
  혹시 ~할 수 있어(해주실 수 있을까요)?

한끝 팁 아주 공손하게 부탁할 때 쓰는 표현입니다.

I was wondering if you could 동사.

help me
혹시 저를 도와주실 수 있을까요?

give me some time
혹시 저 시간 좀 내주실 수 있을까요?

give me some money
혹시 저 돈 좀 빌려주실 수 있을까요?

teach me
혹시 저를 가르쳐 주실 수 있을까요?

Would you care for something to 동사?

그거 하시게 좀 갖다 드릴까요?

- **Would you?** 하시겠습니까?
- **Would you care for ~?** ~가 필요하십니까?
- **Would you care for something to ~?**
  ~할 거 좀 갖다 드릴까요?

한끝 팁 친절을 베풀 때 쓰는 말입니다.

Would you care for something to 동사?

drink
마실 것 좀 갖다 드릴까요?

eat
요기거리 좀 가져다 드릴까요?

write on
쓰실 것 좀 가져다 드릴까요?

write with
쓰실 펜 좀 가져다 드릴까요?

play with
갖고 노실 것 좀 가져다 드릴까요?

네~~!!

CH 12
Would you mind if I ask you to 동사?

해달라고 하면
실례가 안 되겠습니까?

- **Would you mind?** 싫어하시겠습니까?
- **Would you mind if ~?** ~하면 안 되겠습니까?
- **Would you mind if I ask you to ~**
  혹시 ~해달라고 하면 실례가 안 되겠습니까?

한끝 팁 Would you는 공손한 표현으로, 너무 미안해하면서 상대방에게 부탁할 때 쓰는 표현입니다.

Would you mind if I ask you to 동사?

lend me some money
<u>돈 좀 꿔달라고 하면</u> 실례가 안 되겠습니까?

여기 있습니다.

spend a day with me?
<u>하루만 같이 보내달라고 하면</u> 실례가 안 되겠습니까?

혼자 있기 심심해~

그러시지요.

crazy Saturday Night~!

당신은 나에게 부탁하고 싶은 거 없어요?

부탁입니다. 나에게 이제 부탁을 하지 마세요.

내가 요술 램프 지니도 아니고...

1초 패턴 연습

1 구문에 맞는 그림을 골라 써 넣으세요.

1. You are the one who 동사. _____

2. Do you want me to 동사. _____

3. Would you mind if I ask you to 동사? _____

4. I would like you to 동사. _____

5. I was wondering if you could 동사. _____

6. You might as well 동사. _____

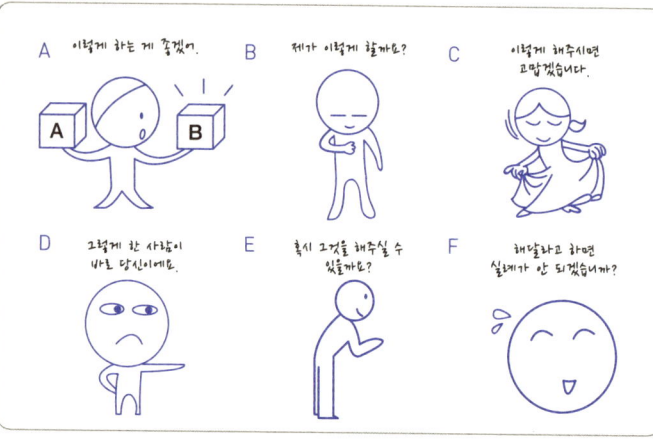

2 상황에 맞는 패턴 회화를 완성하세요.

_____ go fishing.

난 낚시 갈 것 같은데.

_____ call him.

넌 그에게 전화만 하면 돼.

_____ study so hard?

제가 왜 이렇게 공부를 열심히 해야 합니까?

_____ come early tomorrow. 자네 내일은 일찍 오게나.

_____ be in that situation?

그런 상황에 있다는 건 어떤 겁니까?

_____ eat?

요기거리 좀 가져다 드릴까요?

99초
완성!

명사 or
동명사
붙이면
끝!

Have you been to 명사?

거기 가본 적 있습니까?

- **I was ~** 난 ~였다
- **I have been to ~** 나는 ~에 가본 적이 있다
- **Have you been to ~?** ~에 가본 적 있어(있습니까)?

한끝 팁 '명사' 자리에 나라 이름을 써서 상대방에게 가본 나라에 대해 물어볼 수 있습니다. '가봤다'라는 뜻을 go가 아닌 be 동사로 쓴다는 점에 유의하세요.

Have you been to 명사?

America
미국에 가본 적 있습니까?

China
중국에 가본 적 있습니까?

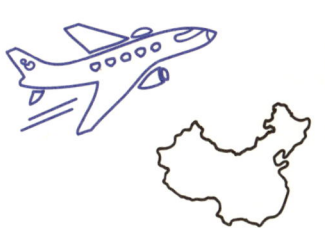

Japan
일본에 가본 적 있습니까?

many countries
많은 나라에 가봤습니까?

Europe
유럽에 가본 적 있습니까?

heaven
천국에 가본 적 있습니까?

I forgot to bring 명사.

내가 그걸 깜빡했어요.

- **I forgot** 난 잊어버렸다
- **I forgot to bring** 난 가져오는 것을 잊어버렸다
- **I forgot to bring my ~**
  내가 ~를 깜빡했어(깜빡했어요).

I forgot to bring 명사.

my book
내가 책을 깜박했어요.

학생이 말이야, 책도 놓고 오고

my umbrella
내가 우산을 깜박했어요.

my lunch box
내가 점심 도시락을 깜박했어요.

my desk
내가 책상을 깜박했어요.

그 책상에 빵 넣어뒀는데...

my ring
내가 반지를 깜박했어요.

집에 다녀와야겠다...

my bride
내가 신부를 깜박했어요.

* bridegroom 신랑

I'm getting used to 명사.

난 그것에 익숙해지고 있어요.

- **be used to ~** ~에 익숙하다
- **I'm getting ~** 난 ~되고 있다
- **I'm getting used to ~**
  난 ~에 익숙해지고 있어(있어요).

I'm getting used to 명사.

Kimchi
난 <u>김치에</u> 익숙해지고 있어요.

Korea
난 <u>한국에</u> 익숙해지고 있어요.

the weather
난 <u>날씨에</u> 익숙해지고 있어요.

러시아보다는 훨씬 따뜻하군!

-10°C

you
난 <u>너에게</u> 익숙해지고 있어.

네 더러운 성질에 익숙해졌어.

@$&^^$@#

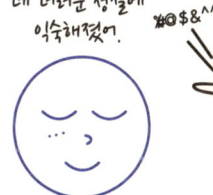

다 끝났어?

우쭈쭈우쭈쭈...
그랬어?
괜찮아, 괜찮아
개는 왜 그런대~~

CH 04
I've had enough of 명사.

그것 좀 그만해!

- **I have** 난 갖고 있다
- **I have had enough** 난 충분히 가지고 있다
- **I've had enough of ~** ~ 좀 그만해(그만하세요).

I've had enough of 명사.

your chatter
수다 좀 그만 떨어.

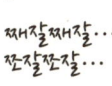
째잘째잘...
쪼잘쪼잘...

your teaching
훈계 좀 그만 하세요.

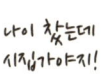
나이 찼는데
시집가야지!

your complaining
불평 좀 그만해.

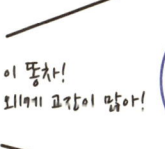
이 똥차!
외계 고장이 많아!

that fashion
옷 그렇게 좀 입지 마.

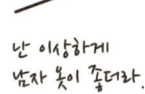
난 이상하게
남자 옷이 좋더라.

that
저거 지겨워.

this
이거 지겨워.

There is nothing like 명사.

그만한 게 없어요.

- **there is ~** ~가 있다
- **there is nothing** 그런 건 없다
- **There is nothing like ~** ~만한 게 없어(없어요).

한끝 팁 '명사' 자리에는 최고를 의미하는 대상을 넣으면 됩니다.

There is nothing like 명사.

water
(목마를 땐)
<u>물만한 게 없죠.</u>

English
(수많은 언어 중에)
<u>영어만한 게 없어요.</u>

sweater
(추운 겨울엔 뭐니뭐니해도)
<u>스웨터만한 게 없어요.</u>

home
(집 나오면 개고생)
<u>집이 최고죠.</u>

우리 엄마 아빠만한
부모도 없거든요.

How could 명사(사람) do that!

어떻게 그럴 수 있어요!

- **how** 어떻게
- **how could?** 어떻게 그럴 수 있어?
- **how could ~ do that!**
  어떻게 ~는 그럴 수가 있니(있어요)!

> 한끝 팁 여기에서 could는 can의 과거로 쓰인 것이 아니니 표현으로 알아두세요. 그리고 뒤에는 to me 처럼 억울해하는 대상을 표현할 수도 있습니다.

How could 명사(사람) do that!

he
그가 어떻게 그럴 수 있어요!

she
그녀가 어떻게 그럴 수 있어요!

난 괜찮아.

you do that to me!
당신이 나한테 어떻게 그럴 수 있어요!

어떻게 거스름돈을 안 돌려줄 수가 있어요?

자, 여기!

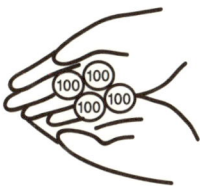

난 네가 준 게
500원짜리가 아니라
100원짜리인 줄 알았지.

자, 400원~!

I thought it was 명사/부사.

난 그건 줄 알았어요.

- **I thought** 나는 생각했다
- **it was ~** 그것은 ~였다
- **I thought it was ~** 나는 (그게) ~인 줄 알아(알았어요).

한끝 팁 주로 착각한 사실에 대해 말할 때 씁니다. it was 다음에는 내용에 따라 명사가 오기도 하고 부사가 오기도 합니다.

I thought it was 명사/부사.

3 o'clock.
난 <u>세 시인 줄</u> 알았어요.

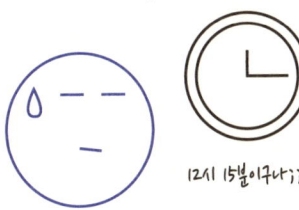

you
난 <u>너인 줄</u> 알았어.

here
난 <u>여기인 줄</u> 알았어요.

there
난 <u>거기인 줄</u> 알았어요.

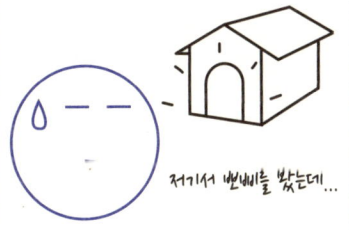

me
저는 그게 <u>저인 줄</u> 알았어요.

I would give anything for 명사.

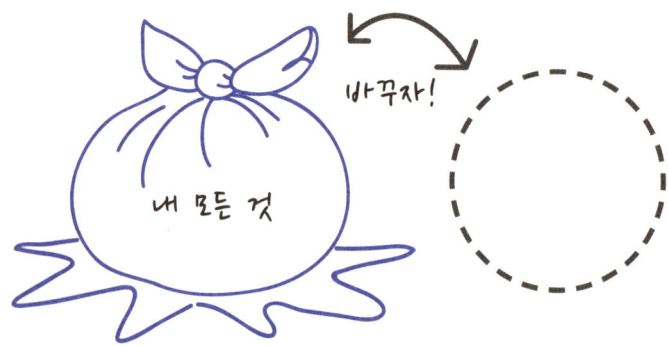

그거면 소원이 없겠다.

- **I give** 나는 준다
- **I would give** 나는 줄 거다
- **I would give anything for ~** ~하면 소원이 없겠다.

I would give anything for 명사.

a drink
한 잔 하면 소원이 없겠다.

a drag
담배 한 대 피우면 소원이 없겠다.

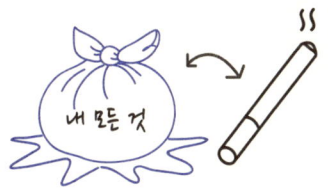

* drag 끌다, 빨다

a beer
맥주 한 잔 하면 소원이 없겠다.

자, 이젠 뭘 걸고 얻어볼까나.
I would give anything for a…

보자기에 주섬주섬

Do you have any 명사 available?

그거 남은 거 있나요?

- **do you have?** 가진 것 있어?
- **available** 가능한
- **Do you have any ~ available?**
  ~ 남은 거 있어(있나요)?

Do you have any 명사 available?

tickets
티켓 남은 거 있나요?

rooms
방 남은 거 있나요?

size 10
10사이즈 남은 거 있나요?

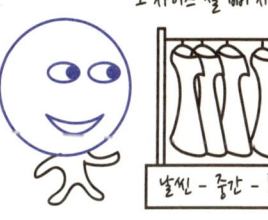

time
시간 좀 있으신가요?

I am not really happy with 명사.

그게 마음에 안 들어요.

- **I am happy.** 나는 행복하다.
- **I am not happy.** 나는 행복하지 않다.
- **I am not really happy with ~**
  ~가 마음에 안 들어(안 들어요).

I am not really happy with 명사.

my nose
코가 맘에 안 들어요.

my face
내 얼굴이 이상해요.

my looks
내 외모가 맘에 안 들어요.

my voice
내 목소리가 맘에 안 들어요.

your homework
학생의 숙제가 맘에 안 들어.

다 맘에 안들어
~~~~~~~~~~~~~~~

I feel bad about 명사/동명사.

그거 때문에 마음이 안 좋아.

- **I feel** 느낀다
- **I feel bad** 기분이 안 좋다
- **I feel bad about ~** ~ 때문에(하면) 마음이 안 좋아.

한끝 팁 뭔가 기분이 좀 찜찜할 때 쓰는 표현입니다.

I feel bad about 명사/동명사.

it
그거 때문에 마음이 언짢아.

him
그 사람 때문에 마음이 안 좋아.

coming here
여기 오면 마음이 안 좋아.

seeing you
널 보면 마음이 안 좋아.

eating 군만두 for fifteen years.
15년 동안 군만두만 먹어서 맘이 안 좋아~

I've been thinking about 동명사.

나는 그걸 하겠다고 쭉 생각해왔어요.

- **I think** 나는 생각한다
- **I have been thinking** 나는 생각해오고 있는 중이다
- **I have been thinking about ~**
  나는 ~를 쭉 생각해왔어(생각해왔어요).

I've been thinking about 동명사.

studying abroad
나는 <u>유학을</u> 쭉 생각해왔어요.

getting married
나는 <u>결혼을</u> 쭉 생각해왔어요.

writing a book
나는 <u>책을 쓰겠다고</u> 쭉 생각해왔어요.

I am in the middle of 동명사.

난 한참 그걸 하고 있었어.

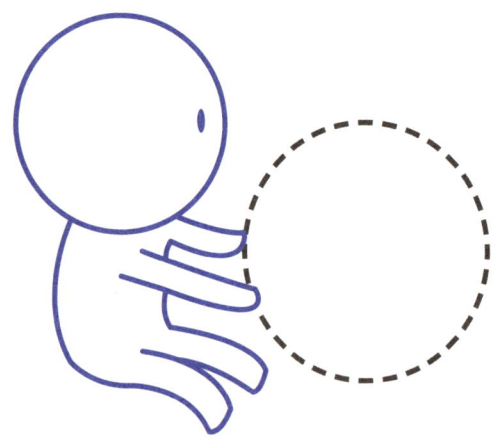

- **middle** 중간, 가운데
- **in the middle** 한가운데, 한참 중에
- **I am in the middle of ~**
  난 한참 ~하고 있었어(있었어요).

I am in the middle of 동명사.

cooking dinner
난 한참 저녁을 만들고 있었어요.

doing my homework
난 한참 숙제 하고 있었어.

fixing the light
난 한참 등을 고치고 있었어요.

* 복수로 lights를 쓰면 등을 직업적으로 고친다는 뜻입니다.

doing something
난 한참 뭘 좀 하고 있었어요.

1초 패턴 연습

1 구문에 맞는 그림을 골라 써 넣으세요.

1 I forgot to bring 명사. _____

2 I would give anything for 명사. _____

3 I feel bad about 명사/동명사. _____

4 I've been thinking about 동명사. _____

5 I am in the middle of 동명사. _____

6 How could 명사(사람) do that! _____

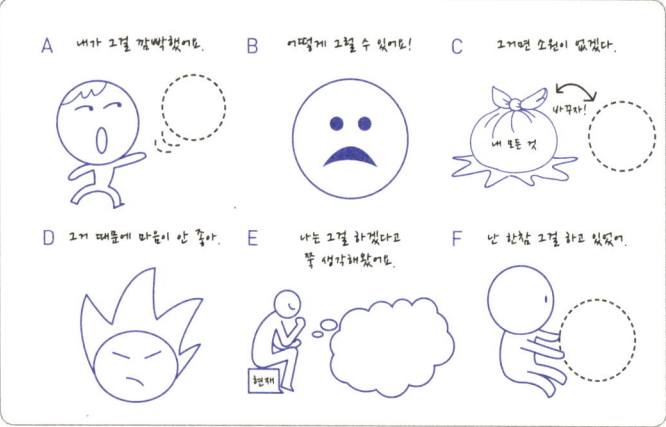

2 상황에 맞는 패턴 회화를 완성하세요.

_____ this.

이거 지겨워.

_____ you.

난 너에게 익숙해지고 있어.

_____ my voice.

내 목소리가 맘에 안 들어요.

_____ America?

미국에 가본 적 있습니까?

_____ home.

집이 최고죠!

_____ you.

난 너인 줄 알았어.

99초
완성!

형용사
or 문장
붙이면
끝!

You are not that 형용사.

넌 그렇진 않아.

- **You are ~** 넌 ~다
- **that** (수준을 언급) 뭐 그렇게
- **You are not that ~** 넌 그렇게 ~는 아니야(아니에요).

한끝 팁 우리말과 마찬가지로, 내용에 따라 위로를 표현할 수도 있고(예: 그렇게 심한 건 아니에요), 칭찬을 깎아 내리는 표현(예: 그렇게 예쁜 건 아니에요)도 될 수 있습니다.

You are not that 형용사.

tall
넌 그렇게 크지 않아.

pretty
넌 그렇게 예쁘지 않아.

smart
너희는 그렇게 똑똑하지 않아.

stingy
당신은 그렇게 인색하지 않아요.

You have no idea how
형용사 + 문장.

그게 얼마큼인지 넌 모를 거야.

- **you have no idea** 넌 전혀 모른다
- **how** 얼마나
- **You have no idea how ~**
  그게 얼마나 ~한지 넌 모를 거야(모를 거예요).

  한끝 팁 상대방의 몰이해를 타박하는 표현입니다. I don't know. (내가 그걸 어떻게 알아! 전혀 몰라.) 표현을 강조할 때 씁니다.

You have no idea how 형용사 + 문장.

hard it is
그게 얼마나 어려운지 넌 모를 거야.

tall he is
그가 얼마나 큰지 넌 모를 거야.

pretty she is
그녀가 얼마나 예쁜지 넌 상상도 못해.

I don't know why 문장.

왜 그런지 나도 몰라요.

- **I don't know** 나는 몰라요
- **why** 왜
- **I don't know why ~** 왜 ~인지 나도 몰라(몰라요).

I don't know why 문장.

I like it
왜 <u>그게 좋은지</u> 나도 몰라요.

I like you
왜 <u>당신이 좋은지</u> 나도 몰라요.

I like earthworms
왜 <u>지렁이가 좋은지</u> 나도 몰라요.

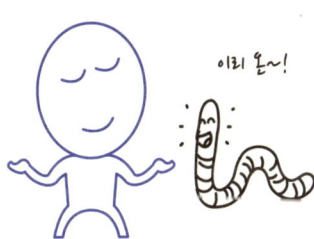

you say that
왜 <u>당신이 나에게 그런 말을 하는지</u> 난 이해가 안 가네요.

너의 눈, 코, 입
날 만지는 네 손길
축축함까지
다아아~~~~
내 내 것이고 싶은데...

I don't know if 문장.

그렇게 될지 난 모르겠어요.

- **I know** 난 알아요
- **I don't know** 난 몰라요
- **I don't know if ~** ~할지 난 모르겠어(모르겠어요).

I don't know if 문장.

they will come.
그들이 올지 난 모르겠어요.

he will like this.
그가 좋아할지 난 모르겠어요.

she will like you.
그녀가 너를 좋아할지 난 모르겠다만...

대시해 봐.

Hey~

...

그녀는...
성형으로 재 탄생한 내 전 부인이었어.

여보!!!

It turns out that 문장.

그것은 드러났습니다.

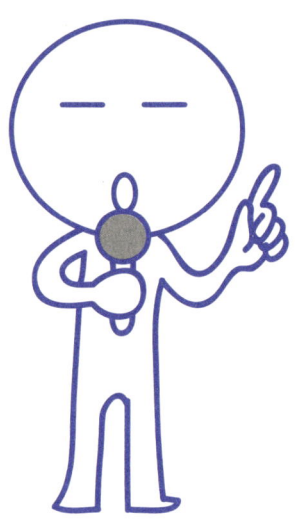

- **turn out** 모습을 드러내다
- **it turns out** 그것은 드러났다
- **It turns out that ~**
  그것은 ~인 것으로 드러났다(드러났습니다).

It turns out that 문장.

he is the thief.
그가 도둑인 것으로 드러났습니다.

she is the spy.
그녀가 스파이인 것으로 드러났습니다.

I'm your father.
내가 너의 아버지인 것으로 드러났단다.

we have to work really hard.
우리는 일을 매우 열심히 해야 하게 됐습니다

이상, RHK 뉴스
it turns out 이었습니다.

아빠~~~

It turns out he is my son.

What I'm saying is 문장.

그러니까 내 말은 이거예요.

- **what** 무엇
- **I'm saying** 내가 말하는 중이다
- **What I'm saying is ~** 그러니까 내 말은 ~라는 거야.

What I'm saying is 문장.

he is nuts (또는) he is bananas
그러니까 내 말은 <u>그가 미쳤다는</u> 거야.

I like it
그러니까 내 말은
<u>내가 그걸 좋아한다는</u> 거야.

I'm the right person
그러니까 내 말은
<u>내가 적임자라는</u> 거야.

그게 무슨 일인데?

복사하기!

자동기능 없이
복사 만 장 해봤어?

I'll let you know if 문장.

그렇게 하면 내가 알려줄게요.

- **let** ~하게 해주다(허가)
- **let you know** 알도록 허가해주다
- **I'll let you know if ~** ~하면 내가 알려줄게(알려줄게요).

한끝 팁 어떤 조건에 부합하면 알려주겠다는 표현입니다.

I'll let you know if 문장.

I'm okay
상태가 괜찮아지면 내가 말해줄게.

I go
가게 되면 제가 말씀 드릴게요.

I come
오게 되면 제가 알려드릴게요.

I like you
당신이 맘에 들면 제가 알려드릴게요.

Are you sure 문장?
I'm sure 문장.

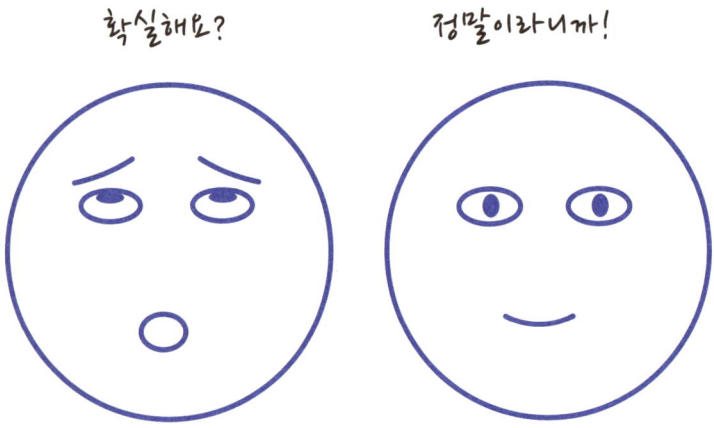

확실해요?   정말이라니까!

- **sure** 확실한
- **Are you sure ~?** ~게 확실해(확실해요)?
- **I am sure ~** 난 정말 ~라니까(~라니까요).

Are you sure 문장?	I'm sure 문장.
you are okay 너 괜찮은 게 확실해?	**I'm okay** 난 정말 멀쩡하다니까.
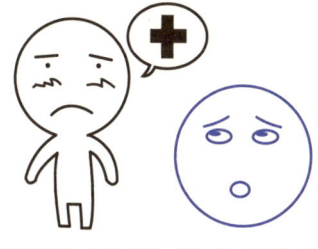	
you want this 너 이걸 원하는 게 확실해?	**I want it** 난 정말 그걸 원한다니까.

you want a teaching job 당신은 가르치고 싶은 게 확실해요?	**I want a teaching job** 전 정말 가르치고 싶다니까요.

Do you mind if 제스처/문장?

그것 좀 해도 될까요?

- **mind** 꺼리다
- **Do you mind?** 싫으세요?
- **Do you mind if ~** ~ 좀 해도 될까(될까요)?

Do you mind if 제스처/문장?

I go to the bathroom
(또는 화장실을 가리키거나)
<u>저 화장실 좀 가도</u> 될까요?

I have the bread
(또는 빵을 가리키거나)
<u>저 빵 좀 먹어도</u> 될까요?

I rest on the sofa
(또는 소파를 가리키거나)
<u>저 소파에 좀 누워서 쉬어도</u> 될까요?

I watch TV
(또는 티비를 가리키거나)
<u>저 TV 좀 봐도</u> 될까요?

I go home
(또는 문을 가리키거나)
<u>저 집에 가도</u> 될까요?

제스처로도
의사소통 성공!

What do you say 문장?

그렇게 하는 거 어때?

- **you say** 네가 말한다
- **do you say?** 네가 말하니?
- **What do you say ~** ~하는 거 어때?

한끝 팁 확정된 사안에 대해 상대방에게도 의향을 물을 때 쓰는 표현입니다.

What do you say 문장?

we eat out today
오늘 우리 외식하러 가는 거 어때?

* eat out 외식하다

we go on a picnic
우리 소풍 가는 거 어때?

we say goodbye
우리 작별인사 하는 거 어때?

CH11
How did you like 명사?

그건 어떠셨어요?

- **how** 얼마나
- **Did you like ~?** 당신은 ~를 좋아했습니까? (평가)
- **How did you like ~?** ~는 어땠어(어떠셨어요)?

한끝 팁 직역으로 '얼마나 좋아했습니까?'를 내용상으로 다듬어 보면 '어떻게 생각하세요?' 또는 '어떠셨어요?'로 바꿔서 표현할 수 있습니다.

How did you like 명사?

your trip
여행은 어떠셨어요?

your school days
학교 생활은 어땠어?

한 학기 다녀보니 어때?

your lunch
점심 식사는 어떠셨어요?

그럭저럭...

your dinner
저녁 식사는 어떠셨어요?

아주 좋았어!

it
어떠셨어요?

문단열의 99초 패턴 영어! 어떠셨어요?

1초 패턴 연습

1 구문에 맞는 그림을 골라 써 넣으세요.

1. How did you like 명사? _____

2. I don't know why 문장. _____

3. What do you say 문장? _____

4. I'm sure 문장. _____

5. I don't know if 문장. _____

6. It turns out that 문장. _____

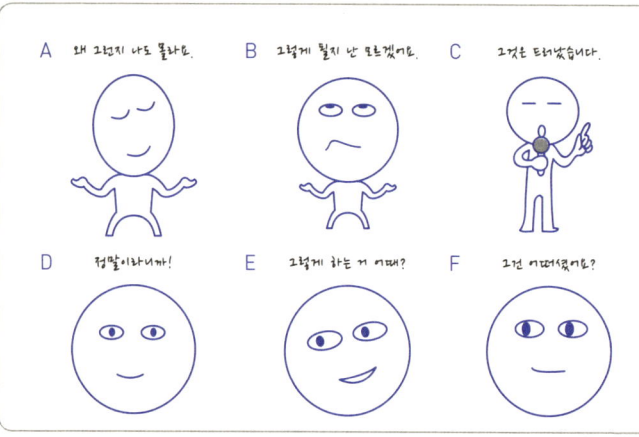

A 왜 그런지 나도 몰라요.
B 그렇게 될지 난 모르겠어요.
C 그것은 드러났습니다.
D 정말이라니까!
E 그렇게 하는 거 어때?
F 그건 어떠셨어요?

2 상황에 맞는 패턴 회화를 완성하세요.

_____ I like it.

그러니까 내 말은 내가 그걸 좋아한다는 거야.

_____ you are okay? 너 괜찮은 거 확실해?

_____ smart.

너희는 그렇게 똑똑하지 않아.

_____ I rest on the sofa? 저 소파에 좀 누워서 쉬어도 될까요?

_____ I like you.

당신이 맘에 들면 제가 알려드릴게요.

_____ tall he is.

그가 얼마나 큰지 넌 모를 거야.

Answers

1초 패턴 연습 _ 동사 1

1
1. A
2. C
3. E
4. F
5. B
6. D

2
1. I didn't mean to
2. I told you to
3. You don't want to
4. I have nothing to
5. I can't wait to
6. What am I gonna

1초 패턴 연습 _ 동사 2

1
1. D
2. B
3. F
4. C
5. E
6. A

2
1. I think I'm going to
2. All you gotta do is
3. Why do I have to
4. You might want to
5. What is it like to
6. Would you care for something to

1초 패턴 연습 _ 명사 or 동명사

1
1. A
2. C
3. D
4. E
5. F
6. B

2
1. I've had enough of
2. I'm getting used to
3. I am not really happy with
4. Have you been to
5. There is nothing like
6. I thought it was

1초 패턴 연습 _ 형용사 or 문장

1
1. F
2. A
3. E
4. D
5. B
6. C

2
1. What I'm saying is
2. Are you sure
3. You are not that
4. Do you mind if
5. I'll let you know if
6. You have no idea how